заходьте

Come In

вітаю

Congratulations

аварія

Crash

небезпека

Danger

горить

Fire

їжа

Food

до побачення

Goodbye

з днем народження

Happy Birthday

привіт

Hello

допоможіть

Help

скільки?

How Many?

лівий

Left

ходімо

Let's go

МОЖЛИВО

Maybe

Hi

No

нічого

Nothing

добре

Ok

будь ласка

Please

до себе

Pull

від себе

Push

правий

Right

повільніше

Slow Down

незабаром

Soon

вибачте

Sorry

стій

Stop

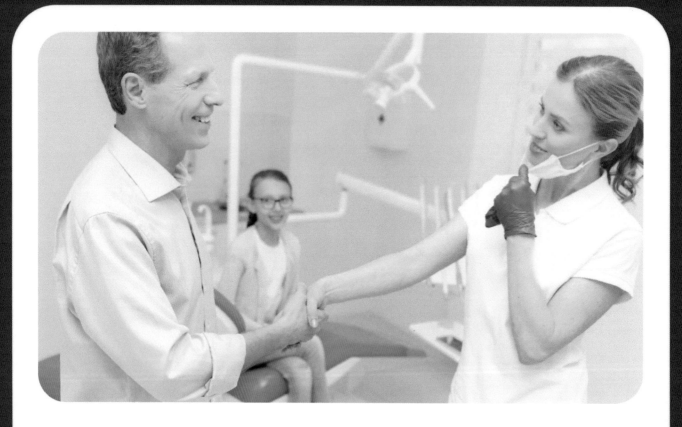

дякую

Thank You

злодій

Thief

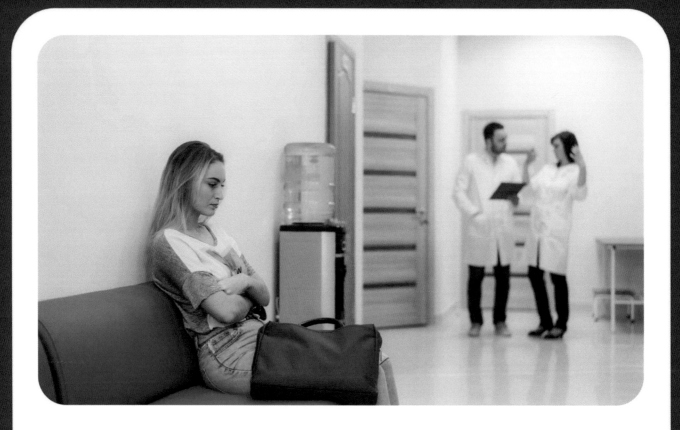

чекайте

Wait

вода

Water

що?

What?

коли?

When?

де?

Where?

xto?

Who?

навіщо?

Why?

так

Yes

Printed in Great Britain
by Amazon

80843486R00022